大展好書　好書大展
品嘗好書　冠群可期

大展好書　好書大展

品嘗好書　冠群可期

運動精進叢書28

跟高手學乒乓

——圖解乒乓球進攻技術

王吉生　著

大展出版社有限公司

目　錄

學習和掌握合理的擊球動作是一個在提高乒乓球技術過程中繞不開的問題，只有獲得了對「擊球動作」本質的認識並掌握了那些行之有效的練習方法，才能夠提高學習的效率。

學和掌握乒乓球擊球動作是一個不斷追求合理用力行為的過程，而不是苛求「動作規範」的過程。

不同的擊球技術需要把握住最佳的來球時間階段擊球，以確保擊球的準確性和戰術效果。

八、「檯內球」進攻技術解析　　091

運用「檯內球」技術必須做到既膽大又心細，既果斷又精確，既穩定又敏捷，這些都是具有相當難度的要求。

九、「離檯球」進攻技術解析　　111

離檯進攻技術是運動員綜合能力的比拼，是實力之爭，是張揚勇敢者氣場的進攻技術。

十、發球技術解析　　125

發球是所有乒乓球技術中唯一自己掌握著安全主動權的技術，也是所有技術中的重中之重。

十一、後記與鳴謝　　141

能夠完成這部作品，首先應感謝朋友給我提出的建議，以及所有幫助我的人。

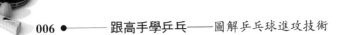

一、寫在前面

那天我在幫助孩子解決了一個困擾他已久的技術問題之後，有位年輕的教練過來問我：「您是怎麼知道應該這樣教孩子的？」

他的意思是問我，對這些技術動作的深刻認識是從哪裡來的？雖然我用「學習」兩個字回答了他，但是，他提出的問題仍然讓我沉思良久。

學習和掌握合理的擊球動作是一個在提高乒乓球技術過程中繞不開的問題。無論是在「教」或是在「學」的領域，絕大多數人都不可能具有高水準運動員擊球的直接體驗，但是又要向高手看齊，那麼學習的途徑在哪裡？

應該說，在當今的體育市場上，人們已經可以輕易地找到學球、練球的地方，如果肯花錢還可以聘請私人教練做一對一的指導；在相關乒乓球的媒體上，人們也可以經常看到圖像清晰的照片，介紹優秀運動

員的擊球動作供讀者學習；特別是隨著移動互聯網的發展，人們甚至可以隨時隨地從手機上下載各式各樣的乒乓球教學視訊，並且還能搜索到來自諸多「行家」們對乒乓球技術動作的各種描述。

然而即便如此，許多人依然被擊球技術動作的合理性問題所困擾。為什麼人們在花費了大量時間、消耗了太多精力甚至錢財之後，收效卻總不理想？

有人說，視訊的圖像太過流動，讓人抓不住要點；也有人說，連拍的技術圖片太過跳動，讓人無法體會連貫的「動」感；還有人說，網上的「描述」太過膚淺，不僅語言、文字的表達與實際操作的差距太大，而且也充斥著大量的「誤導」之詞。等等此類或許都是原因，但是人們忘了關鍵的那句老話「師傅領進門，修行在個人」。由於缺少能夠領你入門的「師傅」，面對紛繁雜亂的乒乓球技術，想要儘快悟得其中要領談何容易。

所謂「登堂入室」，既然未得其門，不能登堂，何談入室練功？所以這也是即使是在物質條件發達的今天，人們也還總是被老問題困擾的根本原因。

其實所謂真正的「師傅」，首先應該是那些能客觀反映「擊球動作」本質的認識。只有獲得了這些認識，才能不被五花八門的技術動作表像所迷惑；其次應該是那些行之有效的教、練方法，掌握這些方法，

就可以提高掌握合理擊球動作的學習效率。

　　現實的教練員中也不乏名師，他們可以做到對人們發生的動作錯誤「藥到病除」，不過得遇名師還要看個人的「機緣」。所幸我們身處這個互聯互通高速發展的時代，利用互聯網解決「機緣」問題已經不是太難的事情了。

　　說到編寫本書要實現的目的，是因為我相信已經找到瞭解決乒乓球技術動作合理性的開門鑰匙，雖然這是我經過從教50年的尋尋覓覓，但是，相信本書能使人們不必再花費這樣長的過程了。

　　因此，在剛剛完成了《幫助孩子們成功》這部以案例論述怎麼打好乒乓球的新書之後，我決定再奉獻給大家一本《跟高手學乒乓》圖解乒乓球進攻技術的圖集，以供具有相應技術水準的乒乓球愛好者與專業工作者學習並參考。

　　為了反映真實的擊球動作，在作品中我選用了近期國內外優秀運動員，包括馬琳、王皓、張繼科、馬龍、許昕、樊振東、莊智淵、波爾、柳承敏、奧恰洛夫、松平健太、李曉霞、丁寧、木子、李佳薇、姜華珺、福原愛等人技術動作的圖片作為示範；為了清晰瞭解技術動作的用力行為，深入分析各項技術動作的用力本質，在圖集中我採用了「對比法」，將經過處理的技術連續動作圖片和動作組合圖片相互對照。

　　其實，之所以今天我有能力迅速找出練習者技術動作的主要問題，並總是能在很短時間內幫助他們獲得立竿見影的效果，這完全是得益於我利用上述方法獲得的深入認識，所以在這部作品中我推薦這種方法與大家分享。

　　我的前一本書《幫助孩子們成功—如何教好、練好乒乓球》是以文字案例的敘述為主，而這本《跟高手學乒乓—圖解乒乓球進攻技術》則是以圖片的解析為主，兩本書各有側重，是互相關聯的姊妹篇。

　　幫助大家「成功」是我從教堅持的始終，相信這部作品能夠真正有助於那些正在學習、改進自己乒乓球技術的人，特別是成長中的少年兒童運動員和辛勤培養他們的教練員們。

二、解析乒乓球擊球動作的三把鑰匙

　　一切技術動作──無論是正確的、還是錯誤的，都是肌肉的用力行為。因此學習、掌握乒乓球擊球動作是一個不斷追求合理用力行為的過程，而不是苛求「動作規範」的過程。

第一把鑰匙：下肢推動身體，軀幹帶動四肢

　　依據「蹬地移動身體，轉腰用力擊球」的分工，在整個擊球動作中，腿的作用是支撐用力，腰的作用是轉向用力，手的作用是調節用力。

　　正手進攻技術動作身體相關部位的肌肉用力分工（圖2-1）

　　圖示中：

　　1──左腿支撐身體重心，並以此為軸向右後方轉腰（向後轉向用力）；

　　2──轉腰用力帶動引拍的同時也帶動右腿移動；

圖2-1

3——身體重心迅速轉至找到合適位置的右腿上；

4——隨即以右腿支撐身體為軸向擊球方向轉腰
（向前轉向用力）；

5——當轉腰用力帶動手臂揮拍作用於擊球的瞬
間；

6——握拍手操控球拍做調節用力，用以駕馭擊球
的弧線軌跡。

第二把鑰匙：人體的關節結構都是速度槓桿

乒乓球擊球瞬間的動作用力就是手指操控球拍的「槓、旋」用力。擊球人的所謂「手感」就是指擊球瞬間手指駕馭球拍在「頂撥力」──「槓」與「旋擦力」──「旋」之間做差別用力調節的能力。

橫拍正手進攻擊球瞬間的「槓、旋」調節用力（圖2-2）

圖示中：

1──擊球瞬間球拍在持拍手食指向前的「頂撥力」作用下呈現向前的（槓桿）運動頂住來球；

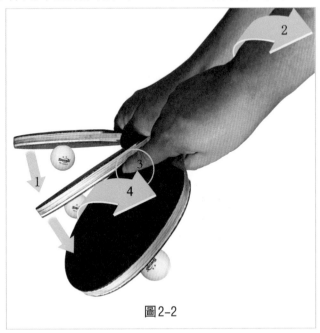

圖2-2

2──隨即前臂帶動手腕做內旋動作；

3──其作用力傳遞集中到食指；

4──操控球拍做「旋擦」動作，駕馭擊球弧線軌跡。

直拍正手進攻擊球瞬間的「槓、旋」調節用力（圖2-3）

圖示中：

1──擊球瞬間球拍在持拍手中指向前的「頂撥力」作用下呈現向前的（槓桿）運動；

2──頂住來球，隨即前臂帶動手腕做內旋動作；

3──其作用力傳遞集中到中指；

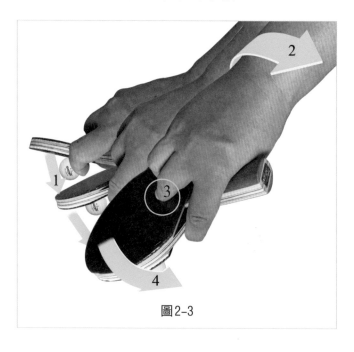

圖2-3

4——操控球拍做「旋擦」動作，駕馭擊球弧線軌跡。

第三把鑰匙：弧線是擊球命中的保證

製造弧線的摩擦用力與擊球前球拍頂部（拍頭）與來球的相對位置有關。低於來球的拍頭位置有利於製造弧線的動作用力，提高拍頭的位置就能壓低弧線的軌跡。

反手撐拉擊球前瞬間拍頭提前低於來球（圖2–4）

圖示中，箭頭處可以看到反手撐拉擊球前瞬間球

圖2–4

拍的拍頭部分低於來球的相對位置，從而確保了提高
摩擦擊球的弧線。

正手快帶弧圈球擊球前瞬間拍頭預先提起(圖2-5)

圖示中，箭頭處可以看到正手快帶弧圈球擊球前
瞬間球拍的拍頭部分提起與來球的相對位置，從而確
保壓低摩擦擊球的弧線。

圖2-5

三、相關技術概念解釋

（一）擊球時間

圖3-1所示為來球觸檯跳起後不同的擊球時間。

當來球從球檯跳起後，其運動過程都會經過球的上升期、高點期至下降期三個時間階段。不同的擊球技術需要把握住最佳的來球時間階段擊球，以確保擊球的準確性和戰術效果。這就是所謂的擊球時間。

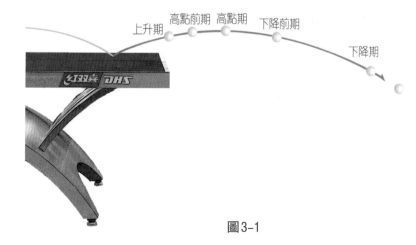

圖3-1

（二）觸球部位

圖3-2所示為球拍擊球接觸球體的不同部位。

擊球瞬間，球拍接觸球體的部位即稱為「觸球部位」，它包括：頂部、中上部、中下部、底部和內側、外側等。不同擊球技術根據需要都有各自要求的不同觸球部位。

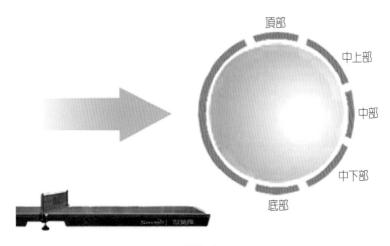

圖3-2

（三）基礎用力

圖3-3所示為正手進攻擊球瞬間的基礎用力。

擊球瞬間的腿部支撐用力1和轉腰轉向用力2作用於球就是技術動作的「基礎用力」。基礎用力合理可以保證擊球穩定。

圖3-3

（四）調節用力

擊球瞬間在控制拍形角度和觸球部位的同時，手指與手臂配合，駕馭球拍做「頂撥」與「旋擦」混合用力動作，並根據不同的擊球變化，主動調節上述兩種用力之間的比例，即稱為「調節用力」。

當基礎用力作用於球，調節用力即成為確保準確和高效的關鍵。

圖 3-4 所示為直拍正手進攻頂撥與旋擦調節用力。

圖 3-5 所示為橫拍正手進攻頂撥與旋擦調節用力。

圖示中：

1 是槓、旋混合用力中的「頂撥力」；

2 是槓、旋混合用力中的「旋擦力」；

3 是槓旋混合用力透過持拍手的相應手指傳遞至球拍作用於擊球。

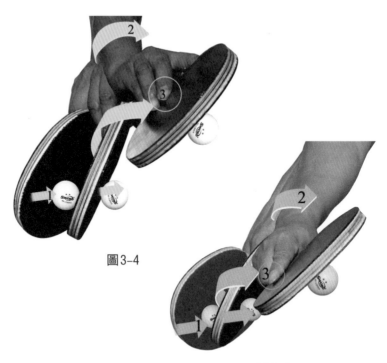

圖 3-4

圖 3-5

四、合理的握拍方法

　　合理的握拍方法與合理的擊球動作有直接關係。每一次擊球用力都是透過握拍的手指傳遞到球拍擊球部位作用於來球的。因此，可以說握拍方法直接影響技術動作，握拍用力直接影響擊球手感。

　　世界上流行的握拍方法主要分為直握拍和橫握拍兩種。在這兩類握拍法中，又由於打法特點不同而在具體握法與用力技巧上有所差別。

　　直拍握法手指運用得較多，相比橫拍要更加靈活，因此直握拍在發球變化、處理檯內小球和近身球方面較橫握拍容易。

　　橫拍的握法手指、手掌接觸拍柄、拍面的面積較大，因此握拍比較穩定，大力擊球較為容易，控球範圍也較大，特別是反手擊球的威力大於直拍。

直拍快攻的握拍法（圖4-1）

適合直拍快攻型打法的正確握拍法，要求手指能夠靈活變化拍形角度，敏銳地調整用力方向和用力方法，同時還能保持拍形穩定，發力擊球。

圖4-1

王皓直拍背面的握拍法（圖4-2）

世界冠軍王皓是中國著名的直拍弧圈快攻運動員，他是兩面反膠直拍橫打的成功先行者。

圖示中可以看到，他的直拍背面握法與傳統握法的主要區別表現在中指位置變化上，傳統握法用中指第一關節的側面頂住球拍的背面，而王皓改用中指第一關節的正面頂住球拍背面，且他的中指伸得較直，更加靠近球拍的擊球部位。

圖4-2

這樣的握拍以便使他在運用正反手弧圈球進攻時增加更多的中指摩擦球力量。

柳承敏直拍握拍法（圖4-3）

前奧運男單冠軍柳承敏持日本式方形球拍，圖示中可以看到，他背面頂住球拍的三個手指伸得很直，

圖4-3

這種握拍法很自然地將手臂、手腕和球拍聯成一條線，伸出去擴大了右半檯的進攻範圍。在正手拉弧圈球和扣殺時，更容易發揮手臂的力量。

「夢」直拍正面的握法（圖4-4）

所謂「夢」直拍與傳統直拍的區別主要在球拍正面拍柄下端的形狀——呈與拇指、食指生理形狀相吻合的形狀。

這種形狀增加了上述兩手指與拍柄的接觸範圍，特別提高了直拍背面進攻時食指操控球拍的用力效率，因此不僅可以兼顧傳統的直拍擊球技法，而且還可以進一步開發時下直板的背面進攻技法，包括發展正手位的背面進攻，是一種很有潛力的直拍握拍法。

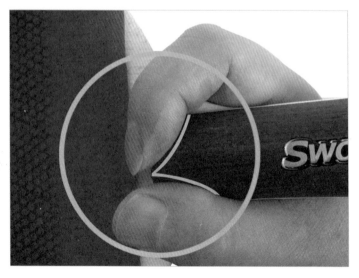

圖4-4

直拍握拍法手指用力的關鍵要點（圖4-5）

如圖4-5所示：

直握拍需要拇指①、食指③和中指④三個著力點協調用力，拍柄背面貼靠虎口的食指根部②是上述手指用力的支點。

①、③、④三個手指圍繞著支點②操控球拍的拍形角度和調節擊球的槓、旋用力，因此支點②的穩定性非常重要。

正確的握法是將球拍背面的拍柄靠在食指根部關節②較硬的穩定部位，而不可深入虎口內將拍柄整個陷入虎口的軟組織中。

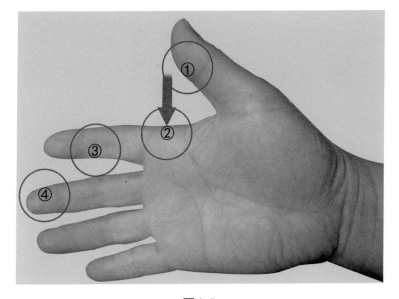

圖4-5

　　其次整個擊球用力全部是由中指④傳遞到球拍的擊球位置，因此使中指④的位置適當靠近球拍的觸球點，有利於提高擊球用力傳遞的效率。

　　反手運用背面攻球時，拇指①壓拍與中指④協調用力控制拍形，食指③相對放鬆。擊球瞬間中指④的指端緊頂球拍背面控制球拍運動，擊球用力由中指第一指節——球拍背面——球拍背面擊球部位作用於來球，注意由中指用力帶動球拍摩擦擊球。

　　橫拍握拍法（圖4–6）

　　橫拍的攻擊技術要求手腕能夠比較靈活地調整拍

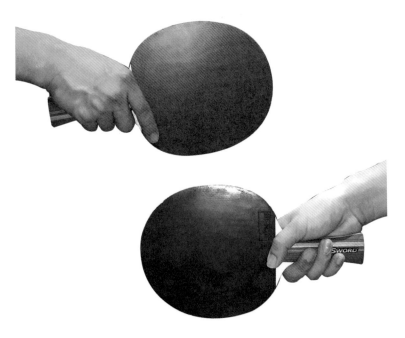

圖4–6

形角度，手指能夠敏銳地調整用力方向和用力方法，同時還能保持拍形穩定，發力擊球。

一般來說，由於橫握拍時手指、手掌接觸拍柄、拍面的面積比直拍大，因此握拍穩定性比直拍好，但是靈活性卻相對不足。橫拍的淺握法在一定程度提高了調節球拍的靈活性，適應了快速攻球的變化。

正確的握法是以中指、無名指和小指自然地握住拍柄，拇指輕貼在球拍正面的中指附近，食指自然伸直斜貼在球拍的背面，虎口的食指根部輕微貼靠球拍的邊緣。

馬龍準備正手進攻時的橫拍握法（圖4-7）

圖4-7

馬龍準備反手進攻時食指的變化圖（圖4–8）

圖4-8

馬龍在準備反手進攻時拇指位置的變化（圖4–9）

圖4-9

　　有人說，馬龍的橫拍進攻打法是世界上最先進的。這是因為馬龍將中國近檯快攻靈活多變的特點和傳統歐洲橫拍強悍的進攻、相持結合在了一起。

　　從上面的圖示中可以看出他的橫拍握拍法打破了傳統橫拍握法手指位置變化較少的常規，提高了擊球的靈活性。

橫拍握拍法手指用力的要點（圖4-10）

　　如圖所示：橫拍握法的中指③、食指②和拇指①握持球拍擔負著向球拍擊球部位傳遞擊球用力的功能。

　　反手進攻時，擊球用力透過上移的拇指①傳遞到

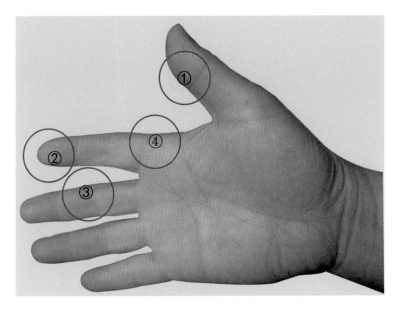

圖4-10

球拍的擊球部位，這時食指的根部關節④是反手進攻用力的支點；正手進攻時，擊球用力在中指③的協同下主要透過食指②傳遞到球拍的擊球部位，此時拇指第一節①是正手進攻用力的支點。

輕鬆握住拍柄的無名指、小指和手掌與握住拍頸、拍面的中指、食指和拇指配合協調用力，靈活改變拍形角度，並保持拍形穩定。

要注意避免小指、無名指、中指與手掌過於攥緊拍柄，這樣一來會使手臂擊球用力傳遞不夠敏銳，調節不夠精確；但是拍形過於靈活而不夠穩定，同樣會影響擊球的準確性，降低擊球用力時的手感。

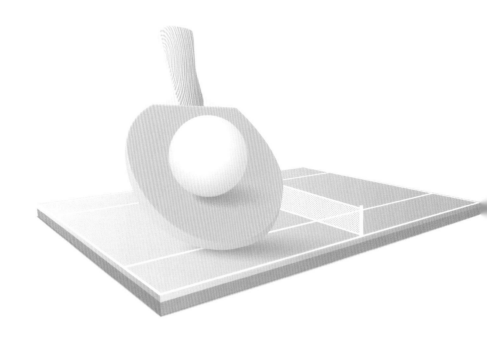

五、站位選擇與準備姿勢

接發球準備位置的選擇和準備姿勢對合理擊球技術的發揮十分重要，其重要性不僅在於能集中精神做好突然應變的起動準備，以便敏捷出手，而且還能保證合理擊球動作的用力穩定。

同時，選擇適合自己打法特點的準備位置還有助於自己特長技術得到率先的發揮。因此，接發球準備位置的選擇和保持合理的基本姿態，是後續一系列合理擊球動作的基礎。

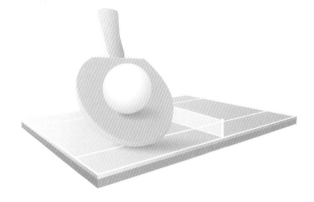

王皓接發球的站位選擇和身體基本姿態(圖5-1)

王皓是正反手攻防兼備的直拍弧圈快攻選手，特別是他的反手背面進攻技術獨步天下，經常可以看到他用反手背面擰拉技術破解對手的檯內短發球。

圖中可以看到，他的站位選在球檯中部偏左的位置上，身體保持隨時可以起動的姿態，雙腳距離略寬於肩，左腳稍靠前。

圖5-1

馬龍接發球的站位選擇和身體基本姿態(圖5-2)

馬龍是技術全面的橫拍進攻選手，他把弧圈球技術與近檯快攻結合得天衣無縫。圖中可以看到，他的站位選擇也是在球檯中間偏左的位置，左腳稍靠前，身體保持隨時起動的良好姿態。

圖5-2

柳承敏接發球的站位選擇和身體基本姿態(圖5-3)

柳承敏是典型的兇狠進攻打法,他正手進攻的範圍很大,威力十足。

圖中可以看到,柳承敏選手選擇站在球檯的左角,並保持明顯的一腳在前、一腳靠後的站姿,這樣有利於充分發揮他全檯跑動中正手進攻的特點。

圖5-3

六、「出檯球」進攻技術解析

　　所謂出檯球就是指那些從球檯跳起後且弧線最高點處在檯球端線之外的來球。

　　出檯球的進攻技術具有擊球時間多樣化和擊球方法多樣化的特點。

　　人們可以選擇很多擊球時間段發動進攻，因而出檯球進攻技術必定是多樣化的，如弧圈球、快攻球、快帶、快撕、扣殺等，是一種選擇自由度很大、種類包括很廣泛的進攻技術。

　　從戰略層面來看，出檯球的進攻技術是所有進攻技術的基礎，是學習其他進攻技術的出發點；從戰術的實際運用來看，幾乎在絕大多數的出檯球進攻技術之前都有與檯內球、半出檯球的進攻技術無縫銜接的需要，因此處理好與不同類別進攻技術之間的銜接關係尤其重要；從技術的表現形式上來看，出檯球進攻技術往往表現為與不間斷地連續進攻和對攻相連接，

因此涵蓋進攻上旋球的技術更多。

　　為此人們不僅需要提高進攻出檯球技術的準確性，提高每一板擊球的品質，包括速度、力量、旋轉、弧線和落點等，而且還需要掌握不同用力技巧的擊球技術，例如加力、合力、摩擦、彈打等。

　　圖示中選用藍色標識解析出檯球進攻技術，是因為藍色意味著廣闊、意味著冷靜、意味著理智與準確，這些都是出檯球進攻技術需要的精神。

（一）出檯球正手進攻技術解析

出檯球正手進攻技術的擊球時間選擇（圖6-1）

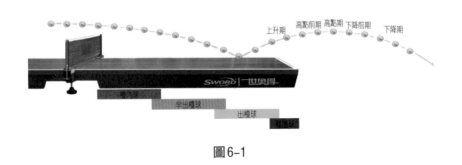

圖6-1

　　出檯球正手進攻選擇的擊球時間可以包括：上升期、高點前期、高點期、下降前期和下降期。為了爭取進攻的主動態勢，應該儘量選擇高點前期、高點期和下降前期擊球。

王皓正手進攻出檯上旋球連續動作（圖6-2）

圖6-2

圖示中：

1——準備擊球時，以左腿支撐身體重心；

2——以左腿為軸向後轉腰用力帶動引拍；

3——轉腰用力同時帶動右腿移步找球；

4——右腳落地身體重心隨即移至右腿；

5——以右腿為軸；

6——轉腰用力帶動手臂揮拍迎前；

7——擊球之前，持拍手的手腕調節球拍，使拍頭略低於來球；

　　8──在高點期至下降前期的擊球瞬間，持拍手的中指向前用力透過球拍頂住來球的中上部，並結合前臂內旋動作共同用力操控球拍，運用「頂撥」加「旋擦」的調節用力動作駕馭擊球；

　　9──擊球用力完成後，身體重心順勢移至左腿，然後準備下一次擊球。

　　王皓正手進攻出檯上旋球的「引拍儲能」用力動作組合（圖6-3）

圖6-3

圖示中：

　　以支撐身體重心的左腿1為軸，利用向右後方轉腰用力的動作2，不僅帶動了手臂向後引拍，而且還帶動了右腿移動的動作3（圖中可見右腳提起移步到合適的擊球位置的動作），這是擊球基礎用力的前半部分─「引拍儲能」動作。

　　王皓正手進攻出檯上旋球的基礎用力動作組合（圖6-4）

圖6-4

圖示中：

正手進攻出檯上旋球的基礎用力包括，以支撐身體重心的右腿1為軸心，做向前轉腰用力的動作2，並帶動手臂揮拍迎前的動作3，在來球高點期至下降前期擊球中上部。

向前轉腰的基礎用力動作在右腿動作的支撐下，必須透過球拍作用於擊球動作用力的全過程。

王皓正手進攻出檯上旋球的調節用力動作組合（圖6–5）

圖6–5

圖示中：

正手進攻出檯上旋球的調節用力包括，球拍的拍頭部分在觸球前應保持比來球相對低的位置1（見特寫圖），這樣有助於摩擦製造弧線。

擊球瞬間持拍手的動作包括：中指用力透過球拍向前頂在來球的中上部，並結合前臂內旋與手指配合操控球拍共同用力，運用「頂撥」加「旋擦」的調節用力動作2駕馭擊球。

擊球用力完成後，身體重心3順勢轉至左腿。

王皓正手快帶回擊弧圈球連續動作（圖6-6）

圖示中：

1──判斷來球後，右腳向來球方向移步找位，身體重心迅速移動至右腿；

2──身體前傾撲向來球（重心完全壓在右腿）；

3──手臂內旋伸出並調節拍形角度，使拍面前傾，同時拍頭位置提高，準備在來球的上升期至高點前期擊球中上部至頂部；

4──上體繼續前壓，右腿膝關節前屈支撐身體重心前移形成擊球的基礎用力；

5──球拍觸球瞬間，持拍手的拇指壓拍、中指透過拍頭向前下方用力頂住來球的中上部至頂部的位置，並結合前臂迅速內旋的用力共同操控球拍，運用

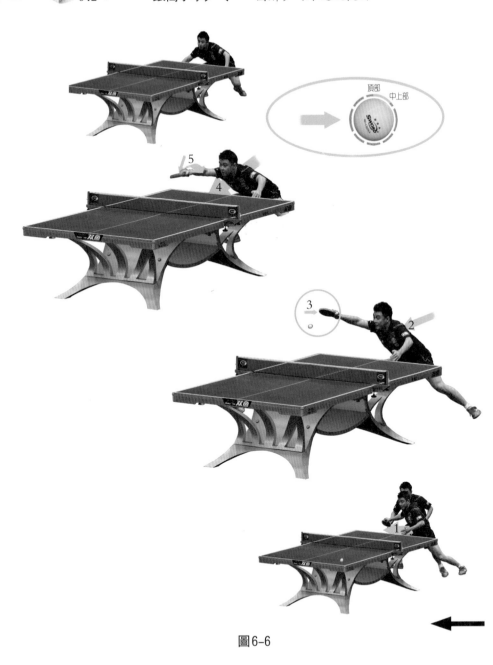

頂部
中上部

圖6-6

「頂壓」加「旋擦」的調節用力動作駕馭擊球，擊球
用力完成後，身體順勢還原。

　　王皓正手快帶回擊弧圈球基礎用力與調節用力動
作組合（圖6–7）

圖6–7

　　圖示中：

　　上體前傾撲向來球的動作1使身體重心壓向右腿
與右膝關節前屈支撐身體重心前移的動作2，二者的
合力形成向前壓住來球的動能——基礎用力作用於擊

球；

　　同時手臂迅速伸出，拇指壓拍、食指放鬆使球拍前傾，並做拍頭提起的動作3，擊球時要藉助來球上升期至高點前期的升力（形成擊球的合力），擊球瞬間中指用力透過球拍向前下方頂住來球中上部至頂部，並結合前臂迅速內旋的用力共同操控球拍，運用「頂壓」加「旋擦」的調節用力動作4駕馭擊球。

　　值得注意的是：在擊球的全過程中，運動員完全依靠身體前傾與右腿支撐身體重心前移形成的基礎用力駕馭擊球方向，利用前臂、手腕、手指控制拍形角度與「槓、旋」的調節用力動作控制擊球弧線。

　　為了確保穩定駕馭來球並克服弧圈球的來球旋轉，運動員的手臂、手腕等關節應始終保持伸直的穩定狀態。

　　李曉霞正手拉出檯下旋球連續動作（圖6-8）

　　圖示中：

　　1——準備擊球時，左腳移動到合適的擊球位置；

　　2——身體重心迅速移至左腿；

　　3——身體重心以左腿的支撐為軸，轉腰帶動向後引拍；

　　4——隨即身體重心移至右腿；

　　5——將球拍的拍頭位置引向後下方；

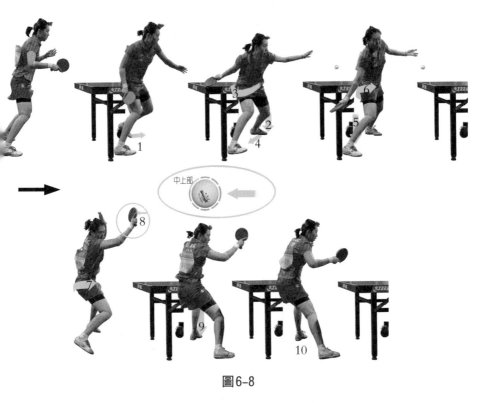

圖6-8

6──身體重心以右腿支撐為軸；

7──向前轉腰用力；

8──轉腰迎前的基礎用力帶動揮拍擊球，爭取在高點期至下降前期擊球，因為是要拉直線球，持拍手的手腕外展控制拍面角度，觸球時，食指透過球拍向前上方用力頂住來球的中部至中上部，並結合前臂內旋的共同用力操控球拍，運用「頂撥」加「旋擦」的調節動作用力駕馭擊球；

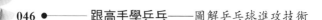

9──擊球用力動作完成後，身體重心順勢移至左腿；

10──左腿蹬地，準備下一次擊球。

李曉霞正手拉攻出檯上旋球連續動作（圖6-9）

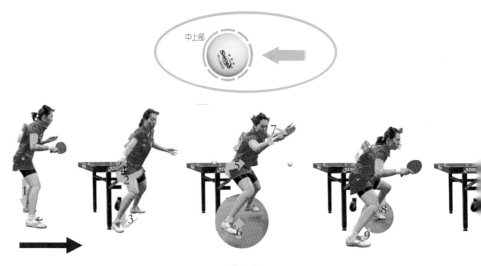

圖6-9

圖示中：

1──準備擊球時，身體重心移到左腿；

2──以左腿為軸向右後方用力轉腰帶動球拍後引；

3──同時帶動右腳移動到擊球的合適位置，隨即身體重心移至右腿；

4──將球拍的拍頭位置引向右方；

5──以右腿為軸心轉腰迎前用力（基礎用力）帶動揮拍力爭在來球高點期擊球；

6──與此同時右腿蹬地在轉腰用力的帶動下雙腳跳起向右前方做跳步移動；

7──持拍手控制拍形略前傾，擊球瞬間，持拍手的食指透過球拍向前用力頂住來球中上部，並結合前臂內旋的共同用力操控球拍，運用「頂撥」加「旋擦」的調節用力動作駕馭擊球；

8──左腳率先落地，身體重心隨即落在左腿上；

9──右腳隨後落地並輔助支撐身體保持穩定，準備連續進攻。

李曉霞進攻下旋球與上旋球的基礎用力動作對比（圖6-10）

圖示中，從進攻下旋球與進攻上旋球的基礎用力動作對比來看，有兩個明顯區別：

首先是向後轉腰用力帶動引拍動作的方向不同，進攻下旋球的引拍動作1隨著身體重心下降和向後下方轉腰的動作使球拍處在相對更低的位置，以利於擊球摩擦製造弧線；而進攻上旋球的引拍動作3隨著向後轉腰的動作，使球拍一直處在相同高度的水平位置，以便能搶在高點期進攻。

其次轉腰迎前帶動揮拍擊球的基礎用力方式不

圖6-10

同，進攻下旋球必須是完全自主用力的進攻技術，因此擊球的基礎用力是以右腿為軸支撐身體重心的向前上方轉腰2帶動揮拍的用力；而進攻上旋球時的用力是以右腿蹬地為軸的短促轉腰向前用力4，因為伴隨著跳步移動，在轉腰的同時提升了身體重心，產生了壓制來球的效果，這樣在轉腰用力時就能針對上旋來球採用借力打力的合力擊球技巧。

李曉霞進攻下旋球與上旋球的調節用力動作對比（圖6-11）

從圖示中的對比可以看出，進攻下旋球與上旋球的

圖6-11

調節用力不同，首先表現在擊球前球拍拍頭的位置明顯不同。

　　進攻下旋球時，在引拍時就主動利用手腕調節球拍角度，使拍頭引向後下方1，以確保在擊球之前拍頭處在比來球低的位置，以便充分發揮擊球時向前上方的摩擦用力。

　　進攻上旋球時，引拍隨著向後的轉腰用力使球拍水平後移，拍頭向右伸出4，以便在擊球時有效控制弧線。

　　調節用力的不同還表現在食指操控球拍時2和5之間的用力方向的不同。

　　進攻下旋球時，食指向前上方的用力動作3透過球拍頂住來球中部至中上部，並結合前臂內旋用力動作共同操控球拍，運用「頂撥」加「旋擦」的調節用力動作駕馭擊球（強力摩擦來球確保拉球弧線）。

　　進攻上旋球時，食指向前用力的動作6透過球拍頂住來球的中上部，同時結合前臂迅速內旋用力動作共同操控球拍，運用「頂撥」加「旋擦」的調節用力動作駕馭擊球。

馬龍側身正手抽殺機會球連續動作（圖6-12）

圖6-12

圖示中：

1——準備擊球時，身體重心以左腿為軸；

2——向右後方轉腰用力；

3——轉腰帶動引拍和右腳移動至合適的擊球位置後，即將身體重心移至右腿；

4——以右腿為軸，支撐全部身體重心用力蹬地、轉腰向前；

5——左腳完全離地抬起邁出；

6——轉腰迎前的基礎用力帶動揮拍擊球；

7——在來球的下降前期，持拍手的食指透過球拍向前下方用力頂住來球的中上部，並結合前臂內旋用力共同操控球拍，運用「頂撥」加「旋擦」的調節用力駕馭擊球；

8——球拍用力作用於球的過程完全是在右腿支撐身體重心、蹬地、轉腰階段完成，隨即身體重心移至左腿。

張繼科側身正手拉衝出檯上旋球連續動作（圖6-13）

圖示中：

1——準備擊球時，身體重心先移至左腿；

2——以支撐身體重心的左腿為軸轉腰；

3——轉腰用力向右後方帶動引拍；

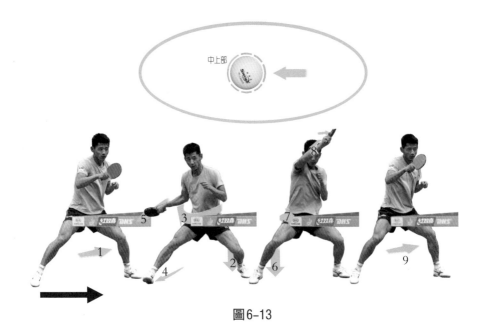

圖6-13

4──同時轉腰用力帶動右腿移步邁至合適擊球位置；

5──將球拍的拍頭位置引向後下方；

6──隨即身體重心移至右腿；

7──以右腿為軸向前轉腰用力（基礎用力）帶動手臂揮拍迎前擊球；

8──在來球的下降前期擊球，持拍手的食指透過球拍向前上方用力頂住來球中上部，並結合前臂內旋動作用力共同操控球拍，運用「頂撥」加「旋擦」的調節用力動作駕馭擊球；

9──擊球瞬間用力的完整動作須在右腿為軸的轉

腰過程中完成，之後身體重心移至左腿。

丁寧正手拉出檯下旋球連續動作（圖6-14）

圖6-14

圖示中：

1——準備擊球時，重心移向右腿；

2——以右腿為軸支撐身體重心；

3——身體向左後方轉腰用力並帶動引拍；

4——注意將球拍的拍頭位置引至下方；

5——與此同時身體重心移至左腿；

6——以左腿為軸支撐身體重心向來球方向轉腰；

7——轉腰用力帶動揮拍迎前，在來球的下降前期擊球；

8——當轉腰的基礎用力作用於擊球時，持拍手的食指透過球拍向前上方用力頂住來球中部，並結合前臂內旋用力動作共同操控球拍，頂住來球加力摩擦，並保證轉腰的擊球用力動作全部在左腿支撐下完成。

（二）出檯球反手進攻技術解析

出檯球反手進攻的擊球時間選擇（圖6-15）

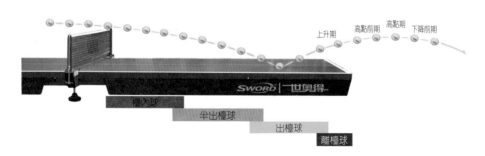

圖6-15

圖示中，出檯球反手進攻選擇的擊球時間可以包括上升期、高點前期、高點期和下降前期等。為了爭取進攻的主動態勢，運動員應該儘量選擇高點前期、高點期和下降前期擊球。

王皓反手背面拉出檯上旋球連續動作（圖6-16）

圖6-16

圖示中：

1——準備擊球時根據來球身體重心適當下降；

2——上臂內旋帶動前臂引拍至身前兩腿之間；

3——手腕內收並彎曲動作使球拍的拍頭部分轉向後下方；

4——向右前方轉腰；

5——轉腰帶動身體重心移向右腿；

6——轉腰帶動上臂抬起使肘部前移，準備在來球的下降前期擊球；

7——擊球前球拍的拍頭位置低於來球有利於摩擦球；

8——結合轉腰4的用力，右腳蹬地使身體重心提升向前上方迎前用力（基礎用力）；

9——擊球瞬間，中指帶動球拍向前用力頂住來球的中上部並結合前臂外旋的用力操控球拍，運用「頂撥」加「旋擦」的調節用力動作駕馭擊球。

王皓反手背面拉出檯上旋球的基礎用力動作組合（圖6-17）

圖6-17

圖示中：

腰部向前轉動的用力動作1，帶動身體重心2移動至右腿，同時帶動上臂抬起，做肘部位置前移的動作3，為擊球時的前臂向前用力建立了穩定、一致的支點，在保持身體前傾姿態的同時，做右腿蹬地提升身體重心的動作4，形成擊球向前的基礎用力。

王皓反手背面拉出檯上旋球的調節用力動作組合（圖6-18）

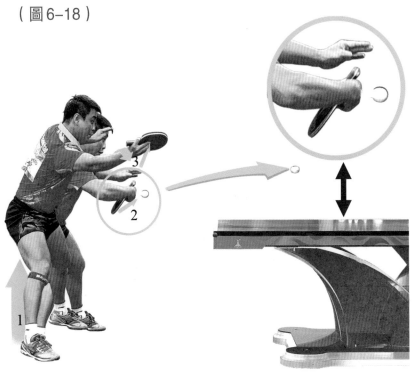

圖6-18

圖示中：

右腳蹬地提升身體重心的動作 1 將向前轉腰、揮拍的用力作用於擊球，此時球拍的拍頭部位 2 保持在低於來球的位置（見特寫圖），這是反手背面拉球摩擦用力和製造弧線的關鍵點。

擊球瞬間，持拍手的中指帶動球拍向前上方用力頂住來球中上部，並結合前臂外旋用力共同操控球拍，運用「頂撥」加「旋擦」的調節用力動作 3 駕馭擊球。

莊智淵反手拉出檯下旋球連續動作（圖6-19）

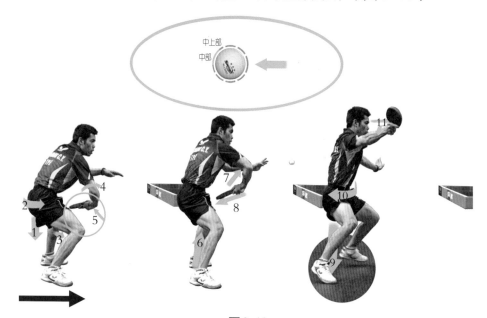

圖6-19

圖示中：

1——準備擊球時，身體重心下降帶動引拍；

2——向右前方轉腰；

3——轉腰帶動身體重心移至右腿；

4——同時上臂內旋帶動向後的引拍動作；

5——手腕做內收並彎曲動作，使球拍充分後引；

6——右腳蹬地使身體重心向前上方提升；

7——身體重心提升帶動上臂抬起使肘部前移，形成前臂用力擊球的穩定支點，此時前臂和手腕的肌肉群處在高度緊繃的儲能狀態，隨時都可以彈射出抽殺的爆發力；

8——球拍的拍頭始終保持垂向斜下方的位置；

9——以右腿為軸心支點；

10——向右轉腰的基礎用力動作帶動手臂迎前用力，準備在來球的高點期至下降前期擊球；

11——擊球瞬間拇指用力透過球拍向前上方頂住來球中部至中上部，並結合前臂外旋用力共同操控球拍，運用「頂撥」加「旋擦」的調節用力動作駕馭擊球。

莊智淵反手拉出檯下旋球基礎用力動作組合(圖6-20)

圖示中：

向右前方轉腰用力的動作1不僅帶動手臂的引拍

圖6-20

動作，同時也帶動身體重心移到右腿2上，然後以右腿為軸心，向右前方轉腰用力的動作3帶動手臂迎前揮拍擊球。

莊智淵反手快撕出檯上旋球的連續動作（圖6-21）

圖示中：

1——準備擊球時，身體重心適當下降帶動手臂向後引拍；

圖6-21

2——隨即做向右前上方轉腰用力動作，帶動身體移動和揮拍迎前擊球；

3——轉腰動作帶動身體重心向左上方提升；

4——轉腰動作帶動身體重心至左腿；

5——轉腰帶動上臂抬起，肘部前移帶動前臂向前用力；

6——在來球的高點前期擊球中上部至頂部，擊球前球拍的拍頭位置適當提高，與球保持前後的水平移動；

7——以左腿為身體的軸心支點，右腳輔助用力支撐身體保持平衡；

8——向前轉腰用力形成擊球的基礎用力；

9——當基礎用力作用於擊球瞬間，拇指透過球拍向前用力頂住來球中上部至頂部，並結合前臂外旋用力共同操控球拍，運用「頂壓」加「旋擦」的調節用力動作駕馭擊球。

莊智淵反手快撕出檯上旋球的基礎用力與調節用力動作組合（圖6-22）

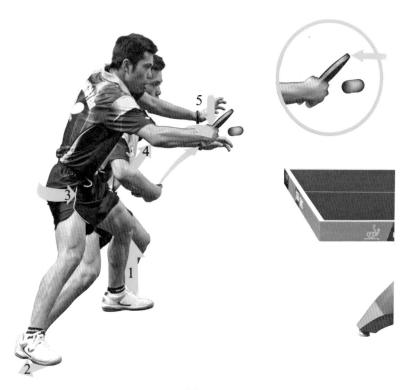

圖6-22

圖示中：

反手快撕出檯球的基礎用力是圖中1～4的用力動作。

準備擊球時，右腿蹬地用力1將已經下降的身體重心移至左腿，緊接著左腿2向前上方蹬地，轉腰的動作3及身體重心提升的力量4帶動上臂迎前揮拍形成擊球的基礎用力。

反手快撕出檯球的調節用力是圖中5的混合用力動作。

當基礎用力作用於擊球的瞬間拇指透過球拍向前用力頂住來球中上部至頂部，並結合前臂外旋的用力共同操控球拍，運用「頂壓」為主加「旋擦」的調節用力動作5駕馭擊球。

圖中特寫放大了球拍觸球瞬間球拍的拍頭部分與球相對平行的位置。

姜華珺反手彈打出檯上旋球連續動作（圖6-23）

圖示中：

1──準備擊球時，已經注意將球拍的拍頭部位提高；

2──右腳向左前上方蹬地用力提高身體重心至左腿；

3──右腿輔助蹬地在保持高重心和前傾的身體狀

圖6-23

態下，準備抓住來球的高點期擊球；

4——利用左腿為軸向前轉腰的基礎用力帶動揮拍迎前擊球；

5——在基礎用力作用於擊球的瞬間，拇指透過球拍向前用力彈打來球中上部，並結合前臂外旋用力共同操控球拍，運用「彈打」為主加「旋擦」的調節用力駕馭擊球；

6——擊球後右腳隨著轉腰動作向前移動並支撐身體重心。

姜華珺反手彈打出檯上旋球基礎用力與調節用力動作組合（圖6–24）

圖示中：

彈打出檯球的基礎用力是右腿向左前上方用力蹬地提升身體重心的動作2至左腿1上，在保持身體前傾和高重心的姿態下，利用左腿為軸做向前轉腰用力的動作3，利用這一基礎用力帶動揮拍迎前擊球。

彈打出檯球的調節用力包括兩部分：首先是球拍在引拍時已經調節好拍頭4的位置，使拍頭保持與擊球平行運動的狀態；其次是觸球瞬間5，拇指透過球拍向前用力彈打來球中上部，並結合前臂外旋用力共同操控球拍，運用「彈打」為主加「旋擦」的調節用力駕馭擊球。

圖6-24

張繼科反手快撕出檯上旋球基礎用力與調節用力
動作組合（圖6-25）

圖示中：

反手快撕上旋球的基礎用力包括1～4幾個動作。
準備擊球時，利用身體重心下降的動作1帶動球拍後
引至腹前。右腿向左上方用力蹬地的動作2提升身體

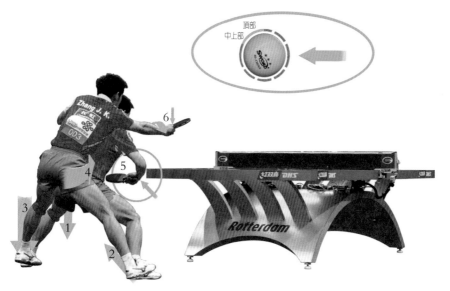

圖6-25

重心至左腿，隨即以左腿3為軸向右前方做轉腰用力的動作4，利用這一基礎用力帶動手臂在來球的高點前期擊球。

反手快撕上旋球的調節用力包括5、6兩動作。引拍5至腹前時，不僅做手腕充分內收、彎曲的儲能動作，而且調整拍形前傾，使球拍的拍頭部分適當提升，準備擊球中上部至頂部；擊球瞬間6的動作包括，拇指透過球拍向前用力頂住來球中上部至頂部並結合前臂外旋用力共同操控球拍，運用「頂壓」為主加「旋擦」的調節用力動作駕馭擊球。

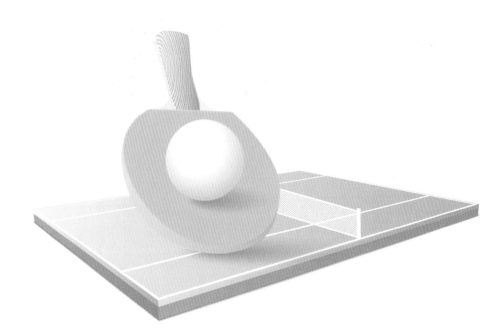

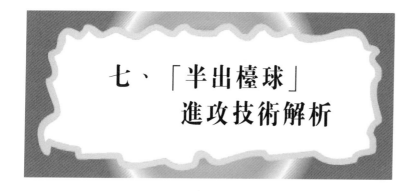

七、「半出檯球」 進攻技術解析

　　所謂半出檯球，是指那些從球檯跳起後，弧線最高點仍處在檯面上方的來球。當這些來球飛出球檯端線時，其飛行弧線已經進入了下降期，這時往往不易進攻。

　　「半出檯」的來球多數是下旋球（包括不轉球），因此可以說，半出檯球進攻技術主要是進攻下旋來球的技術；同時還可以說，半出檯球進攻技術只是一板進攻下旋球的技術，因為除非面對削球手，多數情況下接下來的來球都會變成出檯的上旋球，這就是半出檯球進攻技術的特點。

　　半出檯球進攻技術在戰略上的態勢在於它是發起主動進攻的開始，是從相互控制階段轉為主動進攻階段的「第一板」進攻技術，多數進攻型選手進入他們真正意義上的比賽往往從這裡開始。

　　半出檯球進攻技術在戰術上包括了多樣目的，既

包括威力足夠的強勢進攻，以求一下子奪取主動權；也包括積極的試探性進攻，找機會，積小勝為大勝，力求逐漸掌握比賽的主動權；同時還包括以攻為守的「過渡性」進攻，目的是擺脫對手的進攻壓力。

雖說是人們都期望自己能率先發起第一板進攻，但是半出檯來球的進攻難度不僅比起出檯球來說大得多，而且進攻的效果經常也會大相逕庭。因此明確半出檯球進攻的戰術目的，提高進攻技術的品質，增加進攻技術的變化，銜接好後續的連續進攻十分重要。

圖示中，用黃色標識解析「半出檯球」進攻技術，這是因為黃色接近於金色，是象徵收穫與成功的即將到來，但是黃色同時是不確定的預警信號，這恰好反映了半出檯球進攻技術有可能帶來喜憂參半的局面。

半出檯球進攻技術的擊球時間選擇（圖7-1）

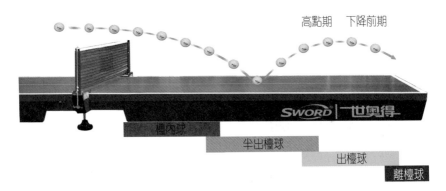

圖7-1

圖示中：半出檯球進攻技術選擇的擊球時間主要包括高點期和下降前期。

　　為了爭取獲得更好的進攻效果，必須結合不同進攻技術的運用選擇相應的擊球時間。

柳承敏側身正手進攻半出檯球連續動作（圖7-2）

　　圖示中：

　　1——準備擊球時，左腳向左前方移動到適合的擊球位置；

　　2——隨即身體重心移至左腿；

　　3——以支撐身體重心的左腿為軸向後下方轉腰，帶動引拍，並降低身體重心；

　　4——手腕、手指操控球拍將球拍的拍頭位中部中上部中上部置引向後下方；

　　5——隨即將身體重心轉移至右腿（重心轉移過程中，右腳可以提起移動，將身體調整到更適合的擊球位置）；

　　6——以支撐身體重心的右腿為軸向來球方向轉腰用力（基礎用力）；

　　7——轉腰的基礎用力帶動手臂揮拍，準備在來球的下降前期擊球；

　　8——在整個轉腰擊球用力的過程中，身體重心始終穩定地保持在右腿上，圖中此時可見左腳完全離地

圖7-2

抬起；

　　9——當轉腰的基礎用力作用於擊球的瞬間，持拍手的中指用力透過球拍頂住來球的中部至中上部，並

結合前臂的內旋用力共同操控球拍，運用「頂撥」加「旋擦」的調節用力動作駕馭擊球；

　　10──球擊用力完成後，身體重心順勢移至左腿，準備下一次擊球。

　　柳承敏側身正手進攻半出檯球基礎用力動作組合（圖7-3）

圖7-3

圖示中：

側身正手進攻「半出檯球」的基礎用力動作是從身體重心轉移至右腿的動作1開始，以右腿2為軸心，支撐軀幹用力做轉腰迎前的動作4，並帶動手臂揮拍擊球的力量就是擊球的基礎用力。

值得注意的是：為了避免影響轉腰向前的基礎用力，使之充分作用於擊球，在整個擊球用力的完整過程中，左腳3保持了離地提起的狀態。

柳承敏側身正手進攻半出檯球調節用力動作組合（圖7-4）

圖7-4

圖示中：

側身正手進攻半出檯球的調節用力從引拍的動作1開始，在引拍動作的過程中，利用持拍手的手腕、手指調節拍形角度，並注意將球拍的拍頭位置引向後下方2，使球拍3在擊球前始終保持低於來球的位置；

當轉腰迎前的基礎用力由球拍作用於球的瞬間，在其他手指的配合下，持拍手的中指用力透過球拍頂住來球中部至中上部，並結合前臂內旋的動作4共同用力操控球拍，運用「頂撥」加「旋擦」的調節用力動作駕馭擊球。

柳承敏正手位進攻半出檯球的連續動作（圖7–5）

圖示中：

1──準備擊球時，左腿支撐身體重心；

2──以左腿為軸向右後方轉腰帶動引拍；

3──轉腰同時帶動右腳移動向右前方找到合適擊球位置；

4──右腳落地，身體重心隨即移至右腿；

5──手腕、手指操控球拍將球拍的拍頭位置引向後下方；

6──身體重心完全在右腿；

7──以右腿為軸，向前轉腰用力在來球的高點期擊球；

圖7-5

8──在整個轉腰擊球用力的過程中，身體重心始終穩定地保持在右腿上，圖中此時可見左腳完全離地抬起；

9──當轉腰的基礎用力作用於擊球的瞬間，持拍手的中指向前上方用力透過球拍頂住來球中上部，並結合前臂的內旋用力動作共同操控球拍，運用「頂撥」加「旋擦」的調節用力動作駕馭擊球；

10──擊球用力完成後，身體重心順勢移至左腿，準備下一次擊球。

柳承敏正手位進攻半出檯球的基礎用力與調節用力動作組合（圖7-6）

圖示中：

正手位進攻半出檯球的基礎用力動作是從身體重心以右腿為軸支撐身體的動作1與用力轉腰迎前的動作2開始，到帶動手臂揮拍擊球，這就是擊球的基礎用力。

值得注意的是：為了保證轉腰向前的基礎用力完全作用於擊球，在整個擊球用力的過程中，左腳3保持了離地提起的狀態。

正手位進攻半出檯球的調節用力動作從引拍動作4開始，在引拍動作的過程中，利用持拍的手腕、手指調節拍形角度的同時，注意將球拍的拍頭位置引向後

圖7-6

下方，使其在擊球前始終保持低於來球的位置。

當轉腰的基礎用力迎前由球拍作用於擊球的瞬間，在其他手指的配合下，持拍手的中指用力透過球拍頂住來球中上部，並結合前臂內旋用力的動作5共同操控球拍，運用「頂撥」加「旋擦」的調節用力動作駕馭擊球。

王皓反手背面進攻半出檯球連續動作（圖7-7）

圖示中：

1──準備擊球時，右腳向右前方移步找到合適的

圖7-7

擊球位置；

2──身體重心移至右腿，並降低重心帶動引拍至腹前；

3──手腕內收並彎曲，並配合手指調整拍形角度，使球拍的拍頭位置引向後方；

4──以支撐身體重心的右腿為軸；

5──向後轉腰用力；

6──轉腰帶動上臂抬起，肘部前移形成前臂穩定的發力支點；

7──同時充分地向後引拍；

8──身體重心移至左腿；

9──以左腿為軸向右轉腰帶動手臂迎前，準備在來球的高點至下降前期擊球；

10──當轉腰動作的基礎用力作用於擊球瞬間，

持拍手的中指向前上方用力帶動球拍頂住來球中部至中上部，並結合前臂的外旋用力動作共同操控球拍，運用「頂撥」加「旋擦」的調節用力動作駕馭擊球。

王皓反手背面進攻半出檯球基礎用力與調節用力動作組合（圖7–8）

圖7-8

圖示中：

反手背面進攻半出檯球的基礎用力是以支撐身體

重心的左腿動作1為軸，轉腰向前用力的動作2帶動揮拍擊球提供的。

　　反手背面進攻半出檯球的調節用力從引拍的動作3開始，手腕內收並彎曲，儘量將球拍的拍頭位置引向下後方。當轉腰的基礎用力作用於球的瞬間，在其他手指的配合下，持拍手背面的中指用力帶動球拍頂住來球中部至中上部，並結合前臂外旋動作共同用力動作4操控球拍，運用「頂撥」加「旋擦」的調節用力動作駕馭擊球。

　　馬龍正手進攻半出檯下旋球連續動作（圖7-9）

圖7-9

　　圖示中：

　　1——準備擊球時，身體重心向左移動；

2——以左腿為軸；

3——向右方轉腰用力，帶動持拍手的引拍動作；

4——同時轉腰用力帶動右腳向右前方擊球位置移動；

5——將球拍的拍頭位置引向後下方；

6——隨即將身體重心從左腿移至右腿，同時降低身體重心；

7——完全以右腿支撐身體重心；

8——以右腿為軸心，向來球的方向轉腰迎前用力，並帶動揮拍動作，準備在來球的下降前期擊球；

9——當轉腰的基礎用力作用於擊球瞬間，持拍手的食指用力透過球拍向前上方頂住來球的中部至中上部，並結合前臂內旋動作共同用力操控球拍，運用「頂撥」加「旋擦」的調節用力動作駕馭擊球。

馬龍正手進攻半出檯下旋球的基礎用力與調節用力（圖7-10）

圖示中：

正手進攻半出檯下旋球的基礎用力包括：右腿的動作1完全支撐身體重心後，以右腿為軸心向來球方向的轉腰用力動作2，形成轉腰的基礎用力帶動揮拍擊球動作。

正手進攻半出檯下旋球的調節用力是從引拍的動

圖7-10

作3開始，要求將球拍的拍頭位置引向後下方，以此保證擊球前拍頭始終處在低於來球的位置，以便充分摩擦球增加旋轉、製造弧線。

在擊球瞬間持拍手的手指操控球拍是調節用力的關鍵。圖中可以看到，持拍手的食指用力透過球拍向前上方頂住來球的中部至中上部，並結合前臂內旋動作4共同用力操控球拍，運用「頂撥」加「旋擦」的調節用力動作駕馭擊球。

莊智淵側身正手進攻半出檯下旋球的連續動作
（圖7–11）

圖7–11

圖示中：

1──準備擊球時，身體重心向左移動，選擇好側身進攻的基本位置；

2──以左腿為軸；

3──向後轉腰用力，帶動持拍手的引拍動作；

4──同時轉腰用力帶動右腳向前方移動靠近來球跳出球檯的擊球位置；

5──將球拍的拍頭位置引向後下方；

6──隨即將身體重心從左腿移至右腿，同時降低身體重心；

7——完全以右腿支撐身體重心；

8——以右腿為軸向來球方向轉腰用力，迎前帶動揮拍動作，準備在來球的下降前期擊球；

9——當轉腰的基礎用力作用於擊球瞬間，持拍手的食指用力透過球拍向前上方頂住來球的中部至中上部，並結合前臂內旋的動作共同用力操控球拍，運用「頂撥」加「旋擦」的調節用力動作駕馭擊球。

莊智淵側身正手進攻半出檯下旋球的基礎用力與調節用力動作組合（圖7-12）

圖示中：

側身正手進攻半出檯下旋球的基礎用力包括：右腿完全支撐身體重心的動作1與以右腿為軸心向來球方向的轉腰用力動作2形成的擊球基礎用力，進而帶動揮拍擊球動作。

側身正手進攻半出檯下旋球的調節用力是從引拍的動作3開始，要求將球拍的拍頭位置引向後下方，以此保證擊球前拍頭始終處在低於來球的位置，以便充分摩擦球增加旋轉、製造弧線。

在擊球瞬間持拍手的手指操控球拍是調節用力的關鍵。圖中可以看到，持拍手的食指用力透過球拍向前上方頂住來球的中部至中上部，並結合前臂內旋動作4共同用力操控球拍，運用「頂撥」加「旋擦」的調節用力

圖7-12

動作駕馭擊球。

莊智淵反手進攻半出檯下旋球連續動作(圖7-13)

圖示中：

1——準備擊球時，左腳向左前方移動選擇合適的擊球位置；

2——身體重心隨即移至左腿，並降低身體重心；

3——以左腿為支撐身體重心的軸心；

4——向前轉腰帶動手臂引拍；

圖7-13

5──控制球拍的拍形前傾，並將拍頭部分儘量引向後下方；

6──繼續以左腿為支撐身體的軸心；

7──向右轉腰形成的基礎用力帶動手臂揮拍迎前在高點期擊球；

8──當轉腰的用力作用於擊球瞬間，持拍手的拇指用力透過球拍向前上方頂住來球的中上部，並結合前臂外旋的動作共同用力操控球拍，運用「頂撥」加「旋擦」的調節用力動作駕馭擊球；

9──右腳支撐身體維持平衡，以便連續擊球。

莊智淵反手進攻半出檯下旋球的基礎用力與調節用力動作組合（圖7–14）

圖示中：

反手進攻半出檯下旋球的基礎用力包括：以左腿為軸心的動作1，向來球方向的轉腰用力動作2與用轉腰的基礎用力帶動揮拍迎前的擊球動作3。

反手進攻半出檯下旋球的調節用力是從引拍的動作4開始，要求球拍的拍形前傾、並將拍頭位置引向後下方，以此保證擊球前拍頭始終處在低於來球的位置，以便充分摩擦球，增加旋轉、製造弧線。

在擊球瞬間，持拍手的手指操控球拍是調節用力的重點要領，其中要求持拍手的拇指用力透過球拍向

圖7-14

前上方頂住來球的中上部，並結合前臂外旋動作5共同用力操控球拍，運用「頂撥」加「旋擦」的調節用力動作駕馭擊球。

姜華反手（生膠）拉半出檯下旋球連續動作（圖7-15）

圖示中：

1──準備擊球時，身體重心移至右腿，並降低身

體重心；

2——以右腿為軸向左後方轉腰；

3——轉腰用力帶動上臂抬起，肘部的位置前移；

4——注意引拍時拍形角度不要過分前傾，並將拍頭位置引向後下方；

5——以右腿為軸向左前方轉腰用力，並帶動手臂揮拍，準備在來球的下降前期擊球；

6——當轉腰的基礎用力作用於擊球的瞬間（來球陷入海綿膠皮的瞬間），持拍手的拇指用力透過球拍向前上方頂住來球的中部至中上部，並結合前臂外旋動作共同用力操控球拍，運用「彈撥」加「旋擦」的調節用力動作駕馭擊球。

圖7-15

八、「檯內球」 進攻技術解析

　　所謂檯內球，是指那些從檯面上跳起來後，其第二跳仍然會落在檯面上的來球。檯內球進攻技術需要面對的只有兩種球，一種是對方的發球，另一種是對方的擺短球或搓短球。

　　檯內球的進攻技術從某種意義上說也只是「一板球」的進攻技術，因為接下來的球必然都是出檯球了，這是檯內球進攻技術的特點之一。同時檯內短球弧線短，在來球跳起的飛行過程中，可以抓住機會進攻的只有當球跳到最高點的一瞬間，否則就會錯失進攻機會，這也是檯內球進攻的另一個特點。

　　檯內球進攻技術在戰略上是擺脫控制的進攻，因為比賽必然是從雙方的相互控制開始博弈的，而絕大多數的控制都是從檯內球開始。因此進攻檯內球的目的就是要擺脫控制。

　　然而檯內球進攻技術在戰術運用中的主要作用是

過渡性的，只為了擺脫對方的控制，實現將比賽過渡到對自己有利局面的目的。

事實上，在比賽中運用檯內球進攻技術的機會與風險並存。說是機會，是因為由此可以擺脫對方的控制；說是風險，又是因為這是深入檯內的進攻，從深入檯內到退出來銜接後續的技術難度很大，稍有不慎就可能弄巧成拙。

因此，運用檯內球進攻技術必須做到既膽大又心細，既果斷又精準、既穩定又敏捷，這些都是具有相當難度的要求。

圖示中用紅色標識解析檯內球進攻技術，這是因為紅色意味著興奮和高昂鬥志，紅色意味著大膽進取，同時紅色也意味著面臨挑戰和高風險。這些都與進攻檯內球的精神要求相吻合。

檯內球進攻技術的擊球時間選擇（圖8-1）

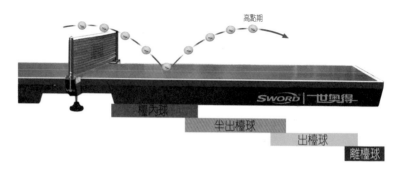

圖8-1

進攻檯內球的擊球時間只有一小段─來球跳起的高點期，由於來球弧線短，在來球的飛行過程中，球的高點期也非常短暫，因此必須提前準備，果斷上前抓住短暫的高點期擊球，機不可失、失不再來。

　　松平健太橫拍正手「挑打」檯內球連續動作（圖8–2）

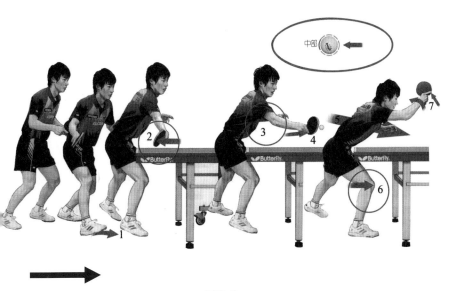

圖8-2

　　圖示中：

　　1──準備擊球時，右腳迅速移步向來球落檯點的偏左位置前插入球檯下邊；

　　2──手腕帶動球拍的拍頭部分充分後引；

　　3──肘關節始終保持伸直的穩定狀態；

　　4──手腕用力帶動球拍迎前，搶在來球跳起的高點期擊球的中部；

　　5──身體迅速前傾；

　　6──前傾的身體帶動膝關節向前彎曲，利用身體重心移動產生的擊球基礎用力；

　　7──擊球瞬間，持拍手的食指透過球拍向前用力，並結合前臂內旋的動作共同用力，運用「點撥」加「旋擦」的調節用力駕馭擊球。

松平健太橫拍正手「挑打」檯內球的基礎用力與調節用力動作組合（圖8-3）

　　橫拍正手挑打檯內球動作的基礎用力是從上體前傾的動作1開始，至壓向右腿膝關節的身體重心產生前移的動作2。

　　為了保證基礎用力有效地作用於擊球，需要注意前臂在擊球時保持穩定的伸直狀態。

　　橫拍正手挑打檯內球的調節用力要求是：一方面要求持拍手在擊球前，利用手腕帶動球拍做儘量後引的動作3，根據來球的旋轉調整好拍形角度；另一方面要求擊球瞬間食指用力的動作4透過球拍向前「點撥」來球的中部，並結合前臂內旋的動作5，運用「點撥」加「旋擦」的調節用力駕馭擊球。

圖8-3

　　挑打檯內球時機非常短促，應該在來球跳起的上升期迅速插入球檯，搶在高點期擊球，充分利用手腕引拍時的肌肉牽張反射功能，要突出一個「打」字。擊球控制的穩定一定是來自身體重心前移的基礎用力與球拍的調節用力之間形成的瞬間「合力」，因此儘量使右腳邁步落地動作的時間與球拍擊球動作的瞬間同步，就能比較容易地把握住這兩個力量形成「合力」的契合點。

李曉霞正手「推挑」檯內短球的連續動作（圖 8–4）

圖 8-4

圖示中：

1——準備擊球時，身體重心向左移動；

2——左腿支撐身體重心；

3——轉腰帶動右腳向來球的方向前移，並將持拍手伸入檯內；

4——手腕根據來球旋轉調節拍形角度，並將球拍的拍頭位置儘量引至後下方；

5——以左腿為軸向來球的方向轉腰；

　　6——轉腰用力帶動右腳前移，隨即將身體重心轉移至右腿上，並降低身體重心；

　　7——以右腿支撐身體重心，繼續將轉腰的用力帶動手臂迎前，在來球的高點期，推住球體的中下部至中部；

　　8——整個「推挑」的過程，肘關節始終保持穩定的伸直狀態；

　　9——在轉腰的基礎用力作用於推球的瞬間，持拍手食指向前用力透過球拍「推撥」來球的中下部，同時結合前臂內旋的動作共同用力，運用「推撥」加「旋擦」的調節用力駕馭擊球。

李曉霞正手「推挑」檯內短球的基礎用力與調節用力動作組合（圖8-5）

　　正手推挑檯內短球的基礎用力始於左腿為軸向來球方向的轉腰用力動作1與帶動右腳前移的動作2，至移動身體重心壓向右腿膝關節處的動作3，進而產生了利用轉腰及身體重心移動的動能，以此帶動手臂擊球用力的動作4。

　　正手推挑檯內短球的調節用力分為兩階段，第一階段是引拍調節球拍的拍形角度與拍頭方向，使其保持低於來球位置的的動作5；第二階段是擊球瞬間，持拍手食指向前透過球拍推住來球的中下至中部，用

圖8-5

力時要突出一個「推」字，同時結合前臂內旋的動作6共同用力，運用「推撥」加「旋擦」的調節用力駕馭擊球。

馬龍反手「翻挑」檯內球連續動作（圖8-6）

圖示中：

1——準備擊球時，右腿高抬向來球落點偏右的方

圖8-6

向迅速插入球檯下方。

　　2──持拍手的手腕將拍形調整到稍後仰的角度，並使拍頭位置低於來球。

　　3──身體重心迅速向前移至右腿膝關節處。

　　4──右腳落地時保持腳尖的位置向外，從而保證了對身體的穩定支撐。

　　5──上體前傾形成擊球的基礎用力，搶在來球的高點期擊球。

　　6──當基礎用力作用於擊球的瞬間，持拍手拇指向前用力透過球拍頂住來球的中部，同時結合前臂迅速外旋翻轉的動作共同用力，運用「推撥」加「旋擦」的調節用力駕馭擊球。

馬龍反手「翻挑」檯內球的基礎用力與調節用力
動作組合（圖8-7）

圖8-7

　　反手翻挑檯內短球的基礎用力由三個動作組成：
抬高腿向前邁步的動作1和腳尖向外的落地姿態2，目
的是為了保證快速向前運動的身體在擊球前獲得一個
穩定的發力支點；隨即身體重心迅速向前移至右腿的
膝關節處，上體順勢前傾俯向檯面的動作3形成了擊
球的基礎用力。

　　反手翻挑檯內短球的調節用力有兩個動作組成：一個是引拍時調整拍形角度，使拍面正對著擊球部位，並保持拍頭處於略低於來球的位置4；另一個動作是在擊球瞬間，持拍手的拇指向前用力透過球拍頂住來球的中部，同時結合前臂迅速外旋翻轉的動作5共同用力，運用「推撥」加「旋擦」的調節用力駕馭擊球，擊球動作突出體現一個「翻」字的特點。

王皓反手背面「擰拉」檯內球的連續動作（圖8-8）

　　圖示中：

　　1──準備擊球時，身體前傾；

　　2──左腿支撐身體重心；

　　3──以左腿為軸向前轉腰；

　　4──轉腰帶動右腳向前移動；

　　5──轉腰同時帶動上臂抬起，使肘部位置前移；

　　6──手腕內收並彎曲，調整球拍的拍形角度前傾，並將拍頭位置充分引向後下方；

　　7──隨即身體重心移至右腿；

　　8──準備在來球的高點期擊球中上部，擊球前使球拍的拍頭部分低於來球；

　　9──身體重心下降，並完全移到右腿膝關節處；

　　10──繼續向前轉腰帶動手臂揮拍擊球；

圖8-8

　　11——當轉腰的基礎用力作用於擊球瞬間，持拍手中指向前上方用力帶動球拍頂住來球的中上部，並結合前臂外旋的動作共同用力，運用「頂撥」加「摩擦」的調節用力駕馭擊球。

　　王皓反手背面「擰拉」檯內球的基礎用力與調節用力動作組合（圖8-9）

　　反手擰拉檯內球的基礎用力包括1～4動作，其中1～3的動作是向前的轉腰用力動作，4的動作是為前

圖8-9

臂發力擊球建立的穩定支點。

　　反手撝拉檯內球的調節用力包括5～7動作，其中
引拍動作5除調節球拍的拍形角度外，還包括使手腕
內收並彎曲，並使球拍的拍頭位置充分向後引申的動
作5，這是調節用力的儲能階段；從觸球前的動作6可
以清楚看出，保持球拍的拍頭部分處在低於來球的位
置，這對摩擦球和製造弧線非常重要；

　　圖中7的動作是調節用力的關鍵，擊球瞬間持拍

手中指向前上方用力帶動球拍頂住來球的中上部，並結合前臂外旋的動作共同用力，運用「頂撥」加「摩擦」的調節用力駕馭擊球。

張繼科反手「擰拉」檯內球連續動作（圖8-10）

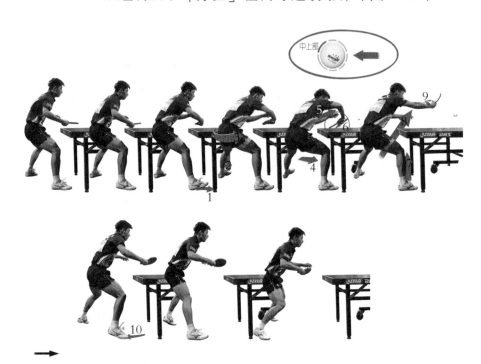

圖8-10

圖示中：

1──準備擊球時，右腳向來球的方向插入檯下；

2──身體重心放在左腿上；

3──以左腿為軸向右前方轉腰；

4——轉腰帶動身體重心移至右腿；

5——隨著轉腰用力，上臂提起使肘部位置前移；

6——手腕、手指調整球拍的拍形角度前傾，並將拍頭位置引向後下方；

7——右腿蹬地使身體重心提升，搶在來球的高點期揮拍擊球；

8——腰部由身體重心的提升動作形成向前的基礎用力，並透過肘部帶動前臂揮拍擊球；

9——當身體的基礎用力作用於擊球瞬間，持拍手拇指向前上方用力透過球拍頂住來球的中上部，並結合前臂外旋的動作共同用力，運用「頂撥」加「擰擦」的調節用力駕馭擊球；

10——擊球後，右腳迅速退回，準備下一次擊球。

張繼科反手「擰拉」檯內球的基礎用力動作組合（圖8-11）

反手擰拉檯內球動作的基礎用力包括1～4動作，其中轉腰的動作1帶動身體重心移至右腿的動作2，同時帶動上臂提起，使肘部位置前移動作3，從而形成了前臂穩定的發力支點，接著右腿蹬地由提升身體重心的動作4形成腰部向前的基礎用力，並透過肘部帶動前臂揮拍擊球。

圖8-11

張繼科反手「擰拉」檯內球的調節用力動作組合
（圖8-12）

反手擰拉檯內球的調節用力動作包括引拍調節拍
形角度與拍頭方向的動作1，使球拍的拍頭位置引向
後下方，這對摩擦球製造弧線十分重要；擊球瞬間的
動作3是調節用力關鍵，當身體的基礎用力2作用於擊
球的瞬間，持拍手拇指向前上方用力透過球拍頂住來

圖8-12

球的中上部，並結合前臂外旋的動作3共同用力，運用「頂撥」加「旋擦」的調節用力駕馭擊球。

木子反手生膠「擰拉」檯內球連續動作(圖8-13)

圖示中：

1——準備擊球時，身體向右前方轉腰用力；

2——帶動右腳向前插入檯下；

3——上臂提起，使球拍的拍面近乎直立，拍頭朝

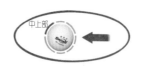

圖8-13

向下方；

　　4——轉腰用力同時帶動身體重心向前移至右腿；

　　5——順勢將肘部的位置前移；

　　6——手腕、手指操控球拍將拍面的角度對準來球的中部，並將拍頭位置引向後下方；

　　7——右腿蹬地提高身體重心，搶在來球的高點期揮拍擊球；

　　8——由身體重心的提升動作形成腰部向前的基礎用力，並透過肘部帶動前臂揮拍擊球；

　　9——當身體的基礎用力作用於擊球瞬間，持拍手拇指向前上方用力，透過球拍頂住來球的中上部，並

結合前臂外旋的動作共同用力，運用「頂撥」加「旋擦」的調節用力駕馭擊球；

10——擊球後，右腳順勢退回，準備下一次擊球。

木子反手生膠「擰拉」檯內球的基礎用力與調節用力動作組合（圖8-14）

反手生膠擰拉檯內球的基礎用力包括：身體向右前方轉腰的用力的動作1帶動身體重心移至右腿，同時帶動上臂提起，使肘部位置前移的動作3，從而形成了前臂穩定的發力支點，接著右腿蹬地的動作2，透過提升身體重心的動作形成腰部向前的基礎用力，並由肘部帶動手臂揮拍擊球。

反手生膠擰拉檯內球的調節用力包括：引拍調節球拍的拍形角度與拍頭方向的動作4，因為是使用生膠球拍擊球，需要保持拍形角度近乎垂直對準來球的中部，並使球拍的拍頭位置引向後下方，這對摩擦球製造弧線十分重要；擊球瞬間的動作5是調節用力關鍵。右腿蹬地提升身體重心的動作2形成腰部向前的基礎用力，在這一用力作用於擊球的瞬間，持拍手拇指向前上方用力透過球拍頂住來球的中部，並結合前臂外旋的動作5共同用力，運用「頂撥」加「旋擦」的調節用力駕馭擊球。

圖8-14

九、「離檯球」
進攻技術解析

　　所謂離檯球，是指那些從檯面跳時接近球檯端線，並且跳起後飛行弧線又長又高的來球。其實「離檯球」進攻技術面對的只有一種球——弧圈球，離檯進攻技術表面看起來是對拉弧圈球，其實正確的理解應該是反拉弧圈球，是面對攻勢弧圈球的反攻技術。

　　離檯進攻技術在戰略上是決戰階段，是決定一分球的勝負之爭，是要長自己志氣、壓倒對手的進攻技術，是張揚勇敢者氣場的進攻技術。從戰術上來看，離檯進攻技術主要是正手拉弧圈球的進攻技術，當然隨著乒乓球技術水準的提高，越來越多的人也開始大力發展他們反手的離檯進攻技術了。總之離檯進攻技術是運動員綜合能力的比拼，是實力之爭，之中討巧的部分其實很少。

　　一般圖示大多用紫色標識解析離檯球進攻技術，這是因為紫色意味著霸氣和自傲，意味著成熟和勇

氣，當然還有點深沉和神秘。這一顏色與許多離檯進攻者的心理還是相當吻合的。

離檯球進攻技術的擊球時間選擇（圖9-1）

圖9-1

　　離檯球進攻技術的擊球只有一段時間—來球的下降期，由於來球弧線長，下降期的階段也很長，因此可以選擇來球的幾個不同的下降點反拉弧圈。主動時可以選擇來球的下降前期，以求壓垮對方；被動時可以放緩擊球節奏在來球的下降期擊球，把球拉得更轉、弧線更長，以求拖住對方，尋求轉機。

許昕離檯側身反拉弧圈球連續動作（圖9-2）
圖示中：
1——準備擊球時，以支撐身體重心的左腿為軸；
2——向左後方轉腰用力；
3——轉腰帶動右腿向右方大跨步移動；

圖9-2

4——隨即身體重心移至右腿；

5——以右腿為軸繼續向右後方轉腰用力；

6——轉腰帶動引拍，並將球拍的拍頭位置引向後下方；

7——右腿蹬地支撐身體；

8——以右腿為軸向前大幅度轉腰迎前用力，帶動揮拍在來球的下降期擊球；

9——在來球飛至大約胸部正前方時擊球，當轉腰的基礎用力作用於擊球瞬間，持拍手的拇指向前用力透過球拍頂住來球的中部，並結合前臂的內旋動作共同用力，運用「頂撥」加「旋擦」的調節用力動作駕馭擊球。

　　許昕離檯側身正手反拉弧圈球的基礎用力與調節用力動作組合（圖9-3）

　　離檯側身正手反拉弧圈球的基礎用力是大幅度的轉腰用力動作2揮拍擊球。為了保證轉腰用力充分作用於擊球，必須使身體重心獲得穩定的支撐，從圖中可以看到，持拍一側腿的動作1在轉腰用力的整個擊

圖9-3

球過程中始終保持著穩定的曲膝狀態。

離檯側身正手反拉弧圈球的調節用力包括引拍時的拍形調節和擊球時的「槓、旋」用力調節兩部分動作。從圖中引拍的動作3可以看出在手腕、手指的帶動下，球拍的拍頭位置被引向後下方；擊球瞬間的用力動作4尤為重要，在轉腰用力作用於擊球的瞬間，持拍手的拇指向前用力透過球拍頂住來球的中部，並結合前臂的內旋動作共同用力，運用「頂撥」加「旋擦」的調節用力動作駕馭擊球。

莊智淵離檯正手反拉弧圈球連續動作（圖9-4）

圖示中：

1——準備擊球時，左腳向左側移步尋找合適的擊球位置；

2——身體重心移向左腿，並降低身體重心；

3——以左腿為軸向右後方轉腰；

4——轉腰帶動手臂向後引拍，並將球拍的拍頭位置引向後下方；

5——身體重心迅速移至右腿；

6——右腿保持彈性的彎曲狀態並完全支撐身體；

7——以右腿為軸向前做大幅度轉腰用力動作，帶動手臂揮拍迎前，準備在來球的下降前期擊球；

8——當來球飛至大約胸部正前方時擊球，在轉腰

圖9-4

向前的基礎用力作用於擊球瞬間，持拍手的食指向前
用力透過球拍頂住來球的中部，並結合前臂的內旋動
作共同用力，運用「頂撥」加「旋擦」的調節用力動
作駕馭擊球；

9——隨著整個轉腰用力動作的完成，身體重心移向左腿，準備下一次擊球。

莊智淵離檯正手反拉弧圈球的基礎用力與調節用力動作組合（圖9–5）

圖9–5

離檯正手反拉弧圈球的基礎用力包括：身體重心移向右腿的動作1，以右腿為軸心支撐身體重心的動作2和轉腰用力的動作3，其中右腿在整個擊球用力過程

中始終保持半屈的彈性支撐動作是轉腰用力的穩定基礎，大幅度的轉腰動作3是擊球向前的基礎用力。

離檯正手反拉弧圈球的調節用力包括引拍過程中的拍形調節動作和擊球瞬間的「槓、旋」調節動作兩部分。圖中引拍動作4將球拍的拍頭位置引向後下方，以保證擊球瞬間充分的摩擦和製造弧線。

圖中5的動作是標識擊球瞬間的動作，持拍手的食指向前用力透過球拍頂住來球的中部，並結合前臂的內旋動作共同用力，運用「頂撥」加「旋擦」的調節用力動作駕馭擊球。

馬龍正手離檯交叉步移動反拉右方大角度弧圈球連續動作（圖9-6）

圖示中：

1——準備擊球時，向右方轉腰；

2——轉腰帶動右腳向右方移動到合適擊球位置；

3——迅速將身體重心移至右腿，在壓低右腿膝關節的同時向來球的方向繼續移動身體重心；

4——轉腰帶動引拍，並將球拍的拍頭位置引向後下方；

5——隨即左腳抬起，在身前與右腿交叉向來球前方找位跨出；

6——右腿向右前方蹬地用力躍起；

圖9-6

　　7──在騰空中強力轉腰準備在來球的下降期迎前擊球；

　　8──當來球飛至大約胸部正前方時擊球，在轉腰向前的基礎用力作用於擊球瞬間，持拍手的食指向前用力透過球拍頂住來球的中部，並結合前臂的內旋動作共同用力，運用「頂撥」加「旋擦」的調節用力動作駕馭擊球；

　　9──球出手後整個身體隨著蹬地轉腰動作的慣性騰空後落地，此時左腳先行落地，身體重心轉至左腿，右腳隨後落地輔助保持身體平衡，準備再次啟動步法回擊左方來球。

馬龍正手離檯交叉步移動反拉右方大角度弧圈球
的基礎用力與調節用力動作組合（圖9-7）

圖9-7

　　利用交叉步反拉右方大角度來球的基礎用力包括：身體重心移至右腿，並在壓低右膝關節的同時，持續向右移動身體重心的動作1，隨即左腳抬起，在身前與右腿交叉向來球前方找位跨出的動作2，右腿向右前方蹬地躍起的動作3和強力向前轉腰迎擊來球的動作4。

　　前面壓低膝關節，並持續向右移動身體重心的動作是製造身體向右的動能，而身體在空中強力轉腰的動作是將向右方的動能轉化為向前擊球的動能。

　　離檯正手反拉右方大角度來球的調節用力包括引拍過程中的拍形調節動作5和擊球瞬間的「槓、旋」調節動作6。引拍動作將球拍的拍頭位置引向後下方，有助於擊球瞬間充分地摩擦和製造弧線。

　　圖中5的動作是表示擊球瞬間的動作，其持拍手的食指向前用力透過球拍頂住來球的中部，並結合前臂的內旋動作共同用力，運用「頂撥」加「旋擦」的調節用力動作駕馭擊球是其中的關鍵。

奧恰洛夫正手離檯交叉步反拉右方大角度弧圈球的連續動作（圖9-8）

　　圖示中：

　　1——準備擊球時，迅速將身體重心移至右腿；

　　2——在壓低右膝關節的同時向來球的方向繼續移

圖9-8

動身體重心；

　　3——以右腿為軸向後轉腰引拍，並將球拍的拍頭位置引向後下方；

　　4——隨即左腳抬起在身前與右腿交叉向來球前方找位跨出；

　　5——右腿都向右前方蹬地躍起的同時強力轉腰迎前擊球；

　　6——在來球飛至大約胸部正前方時擊球；

　　7——擊球瞬間持拍手的食指向前用力透過球拍頂住來球的中部至中上部，並結合前臂的內旋動作共同用力，運用「頂撥」加「旋擦」的調節用力動作駕馭

擊球；

　　8──球出手後整個身體隨著蹬地轉腰動作的慣性騰空後落地，此時左腳先落地，身體重心轉至左腿，右腳隨後落地輔助保持身體平衡，準備再次起動回擊左方來球。

丁寧離檯反手進攻連續動作（圖9-9）

圖示中：

1──準備進攻時，右腳向擊球方向移動；

2──身體重心移到右腿上；

3──以右腿為軸向右轉腰帶動引拍；

圖9-9

4——球拍的拍形角度前傾，拍頭位置引向後方，拇指前移；

5——以右腿為軸向左前方強力轉腰用力（基礎用力）；

6——轉腰用力帶動手臂揮拍迎前，準備在來球的下降期擊球；

7——同時左腿蹬地配合轉腰的帶動用力使身體躍起，向擊球位置做跳步移動；

8——當來球飛至右胸前的位置，持拍手拇指用力透過球拍頂住來球的中部偏下的位置，並結合向球體的中部偏上方向外旋的動作用力，運用「頂撥」加「旋擦」的調節用力將球擊出；

9——球出手後整個身體隨著蹬地轉腰動作的慣性騰空後落地，此時左腳先落地；

10——隨後右腳落地身體重心順勢轉至右腿，左腳輔助蹬地保持身體平衡；

11——以右腿為軸的大幅度轉腰動作帶動球拍繼續慣性運動至身體左方；

12——身體重心迅速向左移動，準備下一次擊球。

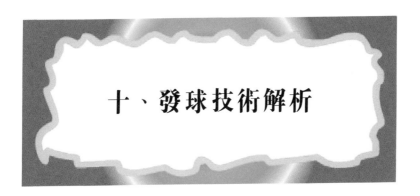

十、發球技術解析

　　掌握包括發球、接發球和發球搶攻在內的「前三板」技術非常重要。然而在「前三板」技術中，發球技術又是必須掌握的第一板。

　　依據規則的規定，乒乓球比賽中的每一分球都要從「發球」開始。因此按照擊球順序來說，發球又是我們在乒乓球技術訓練中首先遇到的技術課題。不僅如此，發球還是所有乒乓球技術中唯一自己掌握著完全主動權的技術，可以說發球技術是所有技術中的重中之重，必須練好。

王皓發勾手側旋或不轉球連續動作（圖10-1）
王皓發勾手下旋球連續動作（圖10-2）
圖示中：
1——發球前，將身體重心置於左腿，準備拋球時將身體重心向後移至右腿。

圖10-1

圖10-2

2——在拋球的同時，以右腿為軸向後轉腰引拍。

3——發側旋球時，將拍形直立，摩擦球體右側中部偏下的部位，向前下方摩擦用力；發下旋球時，變拍形後仰，摩擦球的底部，向下向前摩擦用力。

4——發球瞬間，將身體重心以右腿為軸迅速向前

轉腰，帶動揮拍用力的同時還起到掩護發球動作的作用。

　　5——發球用力瞬間，身體重心隨著轉腰動作的完成迅速移至左腿，並藉助身體重心轉移的力量增加發球的突然性。球發出後身體以左腿為軸迅速轉體面向球檯，隨即準備移步搶攻。

　　6——無論是發側旋球還是下旋球，球發出後的瞬間，王皓都將拍形迅速變成完全後仰狀態，以迷惑對手。

　　7——發短球時，使球的第一落檯點在球檯的中部。

馬龍發側旋或不轉球連續動作（圖10-3）

圖10-3

馬龍發下旋球連續動作（圖10-4）

圖10-4

圖示中：

1──發球前，馬龍將身體重心置於左腿，準備拋球時將身體重心向後移至右腿；

2──在拋球的同時，以右腿為軸向後轉腰，並用轉腰動作將引拍動作隱藏在身側，不讓對手清楚看到他發球前的拍形角度；

3──發側旋或不轉球時揮拍到身側的動作位置較低，發下旋球時揮拍到身側的動作位置較高；

4──發側旋（不轉）球時向斜下方用力摩擦球體的中部，發下旋球時向下向前用力摩擦球體的中下部至底部；

5──發球瞬間，身體重心迅速前移至左腿；

6──以左腿為軸向前轉腰；

7──發球時利用轉體的動作不僅可以對發球前和發球後的拍形角度進行「合理的遮擋」，以假動作迷惑對方，而且也可以利用轉體的力量提高揮拍速度，增加發球旋轉和出手速度。

李佳薇反手發側上旋球連續動作（圖10-5）

圖10-5

李佳薇反手發側下旋球連續動作（圖10-6）

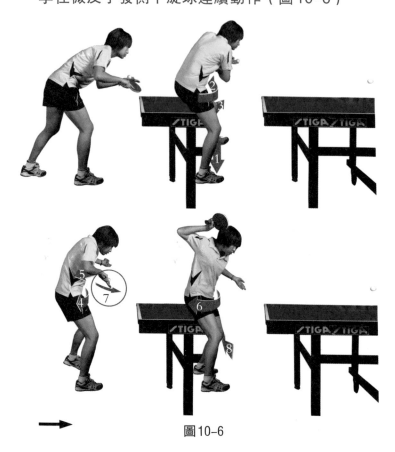

圖10-6

圖示中：

1——發球前，將身體重心移至右腿；

2——在球被拋起的同時，以右腿為軸向左後方轉腰引拍至腋下；

3——轉腰帶動左腿抬起；

4——以右腿為軸，向右轉腰帶動揮拍……

5──當球落下時，上臂在轉腰的帶動下向右外展（橫拉）帶動前臂揮出……

6──繼續迅速向右前方轉腰，在身前摩擦發球……

7──發側旋球和下旋球的區別主要表現在觸球的不同摩擦部位和不同的用力方向上：發側旋球時，她的拍形直立，摩擦球的中部，向側下方用力摩擦；發下旋球時，她的拍形後仰，摩擦球的底部，向下向前用力摩擦。為了迷惑對手，無論是發側上旋球，還是側下旋球時，需注意向後引拍時始終保持一樣的後仰拍形，只在擊球前的瞬間改變拍形角度；

8──隨著轉腰動作的完程，身體重心轉移至左腳，準備移步搶攻。

奧恰洛夫半蹲砍式側上旋發球連續動作(圖10-7)

圖10-7

奧恰洛夫半蹲砍式側下旋發球連續動作（圖10–8）

圖10–8

　　奧恰洛夫的半蹲砍式發球可以發出側下旋和側上旋的變化，其主要區別也在於觸球部位的不同和發力方向的變化；

　　發側上旋球時，拍形直立，待拋出的球下降到肩部附近時，出手摩擦球的右側中部位置，並向前下方發力摩擦；發側下旋球時，拍形後仰，待拋出的球下降到肩部附近時，出手摩擦球的中下部至底部位置，並向下方向前發力摩擦。

莊智淵發下旋短球連續動作（圖10–9）

　　圖示中：

　　1──發球時球拍向下並向前用力摩擦球的中下部至底部，球拍的拍形角度儘量與發球的用力方向一致，這對提高球的旋轉非常重要；

圖10-9

2——待拋起的球下落到比球網略高時將球發出；

3——發球瞬間藉助轉腰帶動身體重心迅速移至左腿的力量提高發球突然性；

4——為了保證發球不出檯，發球第一跳的落點應該在球檯檯面的中部。

莊智淵發急長奔球連續動作（圖10-10）

圖10-10

圖示中：

1──待拋起的球落下大約至球網的高度時將球發出；

2──球拍觸球的中部向前下方「彈出」；

3──發球動作必須敏捷、迅速，可以充分利用轉腰帶動身體重心前移的力量提高球速；

4──發球時球拍的擊球點儘量靠近己方球檯的端線，並且發球的第一落檯點也應該靠近端線。

張繼科發「逆側旋」球連續動作（圖10-11）

圖10-11

波爾發「順側旋」球連續動作（圖10-12）

逆側旋和順側旋的發球是時下橫拍流行的發球，是從反手發球演變過來的創新式發球。因此練習逆、順側旋發球可以採用循序漸進的方法並借鑒反手發球的動作進行。

第一步，先模仿張繼科或波爾的握拍法，正面對

圖10-12

著球檯，參照反手發側旋球的動作，用球拍的正面摩擦球；

　　第二步，當逐漸找到上述摩擦球的用力感覺時，將身體逐漸側過來面對球檯，繼續練習發球；

　　第三步，當已經掌握了側身面對球檯發球的用力後，再將揮拍用力中的真假動作加入到發球動作中去，這樣你就可以說是學會了側身發逆、順旋球的技術了。

福原愛發高拋下旋球連續動作（圖10-13）

　　1——準備發球時，前臂外旋將球拍置於胸前，拍面朝上；

　　2——當球被高高拋起後，右腳根據球的回落路線移動找位；

　　3——當球下落時，身體重心移至右腿；

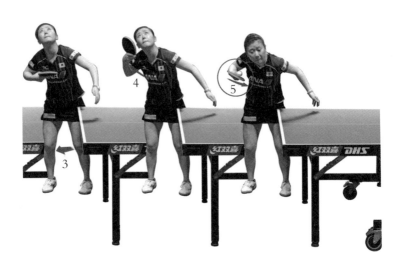

圖10-13

4──當球回落接近頭頂時，前臂內旋並將球拍提起；

5──當球回落至右胸前位置，球拍迅速用力摩擦球中下部至底部將球發出。

許昕發側上旋球連續動作（圖10-14）

圖10-14

1──發球拋起後，左腿支撐身體重心，右腳移步找位；

2──持拍手外展，前臂外旋引拍；

3──上臂提起，球拍向前下方摩擦球的中部；

4──在摩擦球的瞬間，手腕帶動球拍突然轉向，向右側上方用力摩擦發球；

5──身體重心迅速前移，提高發球的突然性；

6──球發出後，身體重心轉移至右腿，準備搶攻。

馬琳發高拋下旋短球連續動作（圖10-15）

圖10-15

　　馬琳高拋球的動作十分輕鬆，但是旋轉很強，這不僅因為他具有出色的手指手腕爆發力，而且還掌握了高超的用力技巧。發高拋球最重要的技巧是，利用被高高拋起的球在下降中產生的帶有重力加速度的球與揮拍摩擦擊球形成合力，從而發出強烈旋轉的球來。

　　從圖中我們可以感覺到馬琳幾乎是等待從高處下降的球落到自己球拍的瞬間才發力摩擦球的，這種恰到好處的瞬間發力避免了因為用力過猛致使撞擊力多而不夠旋轉的問題，學習這樣的精準發力技巧也要遵循循序漸進的方法：

　　第一步，學習拋球，首先學會向正上方垂直拋起

的用力技巧，做到既拋得高又拋得直。

　　第二步，學習接球，能用球拍將從高處落下的球接住並不難，難度在於不僅能接住落下的球，而且還能利用自己球拍隨著下降球勢，變化拍形讓球在球拍上「軟著路」——接住球而不讓它在球拍上跳起。

　　第三步，初步掌握了上述手感後，就可以學習各種不同旋轉變化發球的動作了。

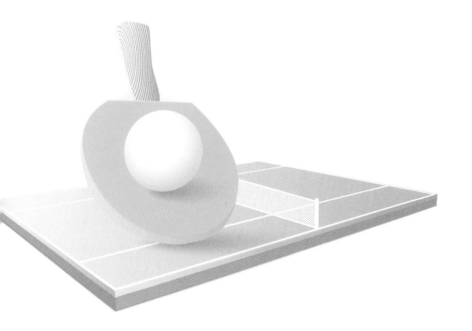

十一、後記與鳴謝

　　一日和家人在一起觀看央視的天氣預報節目，螢幕上的主持人對颱風即將經過的地方發出了「橙色預警」。聽到他們用顏色來預警天氣變化，不由得使我產生聯想，為什麼我們不能用「顏色」分類不同的乒乓球技術呢？

　　我們可以按照技術的難易程度來分類；也可以按照不同技術運用的範圍和自由程度來分類；還可以按照不同的戰術目標來分類……設想如果將不同分類顏色的技術組成一個彩色的訓練週期該是什麼樣子？所以就萌生了用顏色標識不同技術的想法。

　　在這本《跟高手學乒乓》的圖冊裡，我嘗試著用上了這種方法，希望能給讀者帶來點新鮮感，當然還期望能帶來點靈感吧！

　　能完成這部作品，首先應該感謝朋友給我提出的建議，他的建議督促了我深入研究這些技術，在做圖

的過程中，使我對許多乒乓球技術有了更深入的理解；同時要感謝《乒乓雜誌》和《乒乓世界》為此提供了這麼多清晰的照片，使我的後期加工才能擁有更多的成就感；還要感謝我周圍的人，包括家人的支持，當我從早到晚沉浸在這項工作之中，實在忽視了他們的感受和要求，甚至擾亂了他人的生活規律而不自知，現在想起來真的感覺很抱歉。當然這本圖冊如能對更多的人有所幫助，那麼上述所有的人都是功臣。

　　這本圖冊在今天截稿了，我終於完成了從教多年的又一個夙願，再加上明天就是抗戰勝利70周年大閱兵，一切都那麼令人歡欣鼓舞，真的很感恩。

歡迎至本公司購買書籍

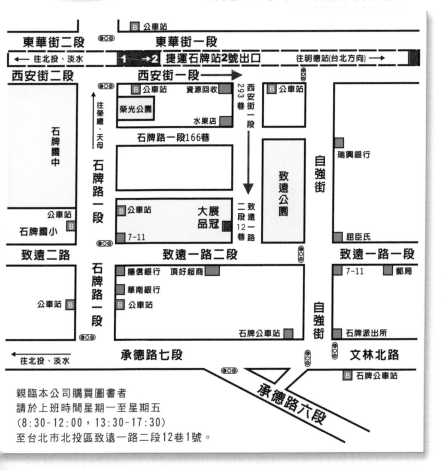

親臨本公司購買圖書者
請於上班時間星期一至星期五
(8：30-12：00，13：30-17：30)
至台北市北投區致遠一路二段12巷1號。

建議路線

1. 搭乘捷運
　　淡水信義線石牌站下車，由月台上二號出口出站，二號出口出站後靠右邊，沿著捷運高架往台北
方向走(往明德站方向)，其街名為西安街，約80公尺後至西安街一段293巷進入(巷口有一公車站牌，
名為自強街口，勿超過紅綠燈)，再步行約200公尺可達本公司，本公司面對致遠公園。

2. 自行開車或騎車
　　由承德路接石牌路，看到陽信銀行右轉，此條即為致遠一路二段，在遇到自強街(紅綠燈)前的巷
左轉，即可看到本公司招牌。

國家圖書館出版品預行編目資料

跟高手學乒乓——圖解乒乓球進攻技術 ╱ 王吉生　著
——初版，——臺北市，大展，2018〔民107.06〕
面；21公分 ——（運動精進叢書；28）
ISBN 978－986－346－210－1（平裝）

1.桌球

528.956　　　　　　　　　　　　　　107005462

跟高手學乒乓——圖解乒乓球進攻技術

著　　　者／王　吉　生
責任編輯／王　英　峰
發 行 人／蔡　森　明
出 版 者／大展出版社有限公司
社　　　址／台北市北投區（石牌）致遠一路2段12巷1號
電　　　話／（02）28236031・28236033・28233123
傳　　　眞／（02）28272069
郵政劃撥／01669551
網　　　址／www.dah-jaan.com.tw
E－mail／service@dah-jaan.com.tw
登 記 證／局版臺業字第2171號
承 印 者／傳興印刷有限公司
裝　　　訂／眾友企業公司
排 版 者／弘益電腦排版有限公司
授 權 者／北京人民體育出版社
初版1刷／2018年（民107）6月

定價／280元

大展好書　好書大展
品嘗好書　冠群可期

大展好書　好書大展

品嘗好書・冠群可期